LETTRE

A

M. LE COMTE CORBIÈRE,

SUR

L'INQUISITION LITTÉRAIRE.

IMPRIMERIE DE J. TASTU,
RUE DE VAUGIRARD, n° 36.

LETTRE

A

M. LE COMTE CORBIÈRE,

SUR

L'INQUISITION LITTÉRAIRE.

PAR A. JAL, EX-OFFICIER DE MARINE.

*

Pour couper les ailes aux Muses,
Monseigneur, nos ciseaux sont prêts.
Chant des censeurs.

Forçons la satire au silence.....
Jos. PAIN, *censeur.*

Les lettres ont surtout besoin qu'on les surveille.
BERCHOUX, *censeur.*

*

PARIS
CHEZ LES MARCHANDS DE NOUVEAUTÉS.
✦
1827

LETTRE

A

M. LE COMTE CORBIÈRE,

SUR

L'INQUISITION LITTÉRAIRE.

M. Gaudiche vous aura peut-être appris, Monseigneur, que vous avez rétabli la censure; mais, de peur de troubler par un vilain cauchemar les doux songes que le Dieu des jésuites vous adresse sur l'oreiller ministériel, prudent en cela et bon serviteur, il ne vous aura pas dit ce que nous a valu cette restauration de l'arbitraire. Tant de franchise, un secrétaire n'en a garde! M. Gaudiche a lu Gil-Blas, et lui, sage, prend l'archevêque de Grenade comme il est. De fait, il a raison; quand on veut vivre d'emplois, ce n'est pas de courage qu'il faut avoir dose et provision, mais de complaisance. Ne point réveiller le chat qui dort, voilà l'affaire; sans quoi le maître se fâche et vous renvoie son Gaudiche au palais de justice de Rennes, philosopher sur les fleurs de lis.

Ce que votre secrétaire ne vous a pas dit, il faut, Excellence, que quelqu'un vous le dise. Il est bon que vous sachiez ce que font les alguazils de votre Sainte-Hermandad littéraire, afin de préparer leur défense, leur éloge même (M. de Peyronnet a bien fait celui des Cophignons du combat Récamier, noble exemple à suivre!), afin de préparer, dis-je, leur éloge pour la session de 1828; car cette session aura lieu, Monseigneur, à moins qu'il soit vrai, le conte que débitent si gaiement Montrouge et nos douairières, d'une centaine de canons braqués à Saint-Omer contre la Charte.

» rence; » auriez-vous, étant passablement éveillé, choisi ce fou? non; vous l'avez choisi cependant, ou plutôt on l'a choisi sans vous. De Montrouge rien n'étonne; d'ailleurs il fallait aux bons Pères une ame damnée pour l'œuvre du diable, ils n'ont pu trouver un Trestaillon catholique, ils en ont pris un athée.

M. Joseph Pain avait dit:

> Monseigneur, vous méfiriez-vous
> Du savoir-faire des poètes?
> S'il est quelques commis plus capables que nous,
> Vous en avez peut-être encore de plus bêtes.

M. Berchoux s'en est autorisé, et bien qu'il y ait peu de commis capables de faire l'*Art politique* et *Voltaire*, deux des plus plates productions de ces derniers temps, il l'a emporté sur ces messieurs. Il a remplacé dans la chiourme littéraire ce pauvre M. Fouquet qui avait manqué de perdre la raison pour avoir été stigmatisé par vous du titre de censeur. C'est une tête que la crainte du mépris public dérange! M. Fouquet n'avancera point, non plus que MM. Rio et Caix. Voilà une mauvaise note, leur refus; pour eux plus de faveurs; on les réduira à la portion congrue, tandis que l'on portera sur la feuille des gros bénéfices politiques MM. Lourdoueix, Deliége, de Bonald, Pain, d'Herbouville, Berchoux, Frénilly, Duplessis, Maquillé, Beauregard, Deblaire, Olivier, de Breteuil, Guillermy, Lévesque, Ollivier et Sillanse. Il faut être reconnaissant, et largement indemniser plus tard ces gens-là qui consentent à porter la marque des bonnes grâces ministérielles; hommes de courage, voyez-vous, qui lisent le *Moniteur* sans pâlir, et ne frémissent pas en songeant qu'il peut vous plaire demain de les faire geôliers et bourreaux des gens de lettres, comme il vous a plu hier de les faire inquisiteurs de la pensée.

Tous les honorables que je viens de nommer, il faut les voir à l'ouvrage, Monseigneur: Dieu! quelle activité! le père Ronsin s'en pâmerait d'aise, et j'en suis sûr, aussi le père Chonchon. On jette sur la table verte, échafaud dressé pour la littérature, la raison et l'esprit; on jette l'article que le journaliste a eu soin de rendre bien innocent pour lui faire trouver grâce devant la prévôté du Parnasse: un des juges s'en empare, lui ôte le cœur, et le passe à un autre qui lui arrache la tête; un troisième le dissèque, et s'il a quelque peur encore du cadavre qu'il a rendu informe, il consulte son voisin et le tribunal ensuite tout entier. Souvent alors il ne reste rien; tout a été dévoré. Si, par hasard, quelque chose a survécu, c'est un squelette hideux que personne ne peut plus voir qu'un censeur.

Souvent une critique se transforme en éloge sous les ciseaux de la censure; on coupe une phrase ici, là une incidence, plus bas un paragraphe; et l'auteur du livre, du tableau, de la gravure, de la statue, bénit la commission de Votre Excellence, qui a accordé toute sa protection à la nullité la mieux établie. Il faut bien qu'on fasse des amis à la censure et au ministère, et où diable les pourrait-on trouver, si ce n'est dans la fange de la littérature et des arts?

Que le journaliste s'adresse au prévôt pour réclamer contre sa rigueur, c'est temps perdu. « Vous avez raison, lui dira-t-il; on a peut-être lu légèrement; renvoyez votre article, et l'on vous fera justice. » Justice est faite, et l'article va pourrir dans les catacombes de l'inquisition.

Mais votre haute impartialité, Monseigneur, celle de M. Gaudiche, je veux dire, a placé, à côté des huit de la rue de Grenelle, les neuf de la place Vendôme. Ce sont les magistrats de cassation. M. de Bonald, que M. de Châteaubriand se repent bien d'avoir appelé son illustre ami, préside cette haute cour. Le journaliste s'y présente, et on lui fait la grâce de lui dire : « Le conseil supérieur juge que le conseil inférieur a bien jugé. — Mais, M. le vicomte!.... — Monsieur, *il faut sauver la monarchie.* » Alors M. Lourdoueix et les siens, fiers de sauver la monarchie, daubent sur la littérature à qui mieux mieux, comme on daubait sur les protestans de Nîmes pour sauver la morale religieuse.

Un journal, celui de la librairie, innocent qui, dans la discussion de la loi d'amour, avait trouvé grâce devant MM. Sallabéry et Dudon, veut annoncer la troisième édition d'un ouvrage de M. Destutt de Tracy; défenses lui en sont faites. M. de Tracy est philosophe, peu ami des jésuites; ses livres sont bons, excellens; ils plaisent aux jeunes gens qu'ils instruisent; ils ne doivent pas être imprimés. Que ne fait-il des cantiques, M. Destutt? on les annoncerait avec les Heures du prince de Hohenlohe et la *Science du crucifix*, par le R. P. Marie de la compagnie de Jésus!

Mais M. Désaugiers est royaliste [1]; il n'est pas philosophe autrement que M. Berchoux et tous les gourmands de la table de M. Piet. En quoi déplaît-il donc? Il déplaît cependant. Un journal prend la liberté de dire que *c'est le plus spirituel des chansonniers*, et la censure blâme cette opinion. Est-ce par déférence pour le sentiment général qui place Béranger avant Désaugiers? par estime pour l'auteur du *Dieu des bonnes gens?* Non; et quand cela serait, ce ne devrait pas être; la censure est instituée pour *sauver la monarchie*, et non pour réformer les jugemens littéraires qui ne compromettent pas le trône..... j'allais ajouter: la Charte; mais ne vous dérangez pas, maître Dupin, je me suis retenu à temps.

M. Villemain fait un cours auquel assiste et dont profite la jeunesse. Le professeur est célèbre à plus d'un titre; c'est un écrivain élégant, un improvisateur habile, un homme versé dans les connaissances historiques et littéraires, un académicien qui veut l'indépendance des lettres, un maître des requêtes qui sait sacrifier son tabouret, chez M. de Peyronnet, à la libre émission de sa pensée; M. de Châteaubriand l'estime, ses auditeurs l'aiment, les jésuites le détestent; vous savez tout cela, M. le comte, car le garde-des-sceaux vous en fit confidence quand vous lui demandâtes la cause de la destitution de M. Villemain. Eh bien! ce qui rend ce jeune disgracié intéressant aux yeux de tous les honnêtes gens, lui a mérité la haine de la censure, aussi l'annonce de son cours est biffée: on ne biffera pas celle des cours de MM. Pariset et Récamier!

Une *Histoire de l'Inquisition* paraît. Les journaux n'ont pas la permission d'en parler. Grande faute, celle-là, Monseigneur, et dont vous devriez gronder M. Lourdoueix. Empêcher qu'on ne parle de l'inquisition ancienne, n'est-ce pas trahir le secret d'une restauration ajournée, mais peut-être assez prochaine encore?

On proscrit les *Proverbes romantiques* par M. Romieu; pourquoi? à moins que ce ne soit parce qu'ils sont amusans, gais et spirituels, je ne devine pas.

Bien fin, au surplus, qui comprendrait les caprices des

---

[1] Nous apprenons à l'instant la mort de ce chansonnier dont le talent est apprécié par tout le monde.

censeurs. Aux uns ils permettent ce qu'ils défendent à d'autres. M. Taylor, commissaire du roi près la Comédie Française, part avec M. Ch. Nodier, son collaborateur, pour la publication des *Voyages pittoresques et romantiques dans l'ancienne France* (ouvrage admirable que, soit dit en passant, votre amour pour les beaux-arts n'a pas honoré d'un encouragement); M. Taylor doit être absent pendant deux mois; un ancien administrateur des théâtres de Lyon, M. Albertin, le remplace provisoirement; la *Pandore* annonce cette nouvelle; la *Réunion* et les autres feuilles de spectacles ne peuvent la répéter. Cela est absurde, Monseigneur; convenez-en tout bas; mais il faut sauver la monarchie, M. de Bonald l'a dit, et l'absurde est ce qu'il y a de mieux pour arriver à cette fin; rappelez-vous vos propres souvenirs, ou demandez à MM. Frénilly, de Bonald, Sallabéry, Saint-Chamans et Dudon.

C'est ce système qui a assuré à la girafe la protection de vos inquisiteurs. Toute incivilité à l'égard de ce quadrupède est punie. Il faut qu'on le trouve beau, bien fait, élégant, gracieux, noble... que sais-je moi? Un écrivain s'avise de dire que le climat de la France pourrait bien ne pas convenir à la girafe, et qu'il est à craindre qu'elle ne vive pas long-temps ici; rumeur au bureau de M. Deliége. C'est une prévision séditieuse apparemment, car on ne souffre pas qu'elle devienne publique. La girafe se portera bien et vivra, et la monarchie sera sauvée!

On répétait aux petits théâtres des pièces à propos de l'arrivée de la girafe: un journal veut se moquer de l'empressement qu'ont certains auteurs de courir après toutes les circonstances; il envoie à la censure un article dont on ôte les deux lignes que voici:

« Déjà nos poëtes de circonstance ont préparé des vers en l'honneur de la plus grande bête du royaume. »

(*Rognure de* la Pandore.)

Ainsi la girafe est déclarée inviolable par la censure de 1827, comme l'éléphant l'avait été par celle de 1824. Admirable! n'est-ce pas, Excellence? Que de belles choses dont vous ne vous doutiez pas!

L'inviolabilité n'est pas acquise seulement à la girafe; les jésuites, chassés du royaume par des lois, et rétablis en France par les valets de cour, ne peuvent être jugés par les journalistes dont la mission est d'écrire sur l'histoire. Beaucoup d'écrits ont paru dans ces derniers temps, dont les bons Pères sont l'objet; aucun journal ne peut en parler, excepté la *Gazette universelle de Lyon*, pour louer la matière et blâmer les formes. Une simple observation sur ce sujet est adressée à la censure, qui la repousse. Voici le coupable article :

« On remarque que le mot *jésuite* n'a pas été imprimé une seule fois dans les feuilles publiques depuis un mois environ. »

(*Rognure de* la Pandore.)

L'histoire déplait fort aux limiers de la presse ; dès qu'ils la sentent quelque part, ils la poursuivent et la tuent à belles dents. Voici un exemple sur mille. MM. de Las-Cases et Barthe répondent à sir Frédéric Maitland, qui, dans un Mémoire officiel, avait ajusté, pour la plus grande gloire du pavillon anglais, sa conduite à l'égard de Napoléon. Le livre de MM. Barthe et de Las-Cases parait ; un journal indépendant lui consacre un article ; ah bien oui ! Cerbère a tout mangé. Lisez, et voyez ce que les sauveurs de la monarchie ont fait pour bien mériter de Wellington et de l'ombre de Castlereagh :

Sir Frédéric Maitland. — Napoléon. — MM. de Las-Cases, Barthe, Wellington, le général Bertrand.

Quand parut la *Relation du capitaine Maitland, touchant l'embarquement de Napoléon à bord du Bellérophon*, personne ne fut dupe de ce manifeste, écrit pour mentir à l'histoire, dans un intérêt qu'il était trop facile de comprendre. La peine que se donnait le capitaine pour établir des faits sur lesquels il ne pouvait espérer de faire prendre le change à qui que ce fût, la date de la publication de son Mémoire, douze ans après l'événement qui y avait donné lieu, l'importance que mirent certains journaux anglais à corroborer, par les argumens de l'intérêt national, les déclarations de sir Frédéric Maitland, tout cela devait contribuer à déconsidérer et à faire tomber dans l'oubli l'ouvrage du commandant du *Bellérophon*. En Angleterre, on n'en parlait plus huit jours après celui de sa mise en vente. Qui, en effet, pouvait-il tromper ? L'acte de Castlereagh était jugé par tous les Anglais de bonne foi ; nous en avons entendu plusieurs le caractériser d'une manière très-énergique et aussi honorable pour eux que fâcheuse pour les officiers de la marine britannique qui avaient consenti à devenir les instrumens de cette machination félone. En France, le Mémoire de sir Maitland occupa plus long-temps l'attention publique; il donna lieu à quelques controverses, qui toutes aboutirent à cette opinion, que l'Empereur avait été attiré dans un piége; puis il fut oublié, comme cette foule d'ouvrages qui ne méritent de la part des lecteurs aucune confiance, et qu'ont dicté de sottes passions ou le triste besoin de se disculper d'un fait honteux.

« Il est resté cependant, du récit de sir Frédéric Maitland, plus d'une impression fâcheuse : une, surtout, résulte de l'autorité acquise par le silence de M. le général Bertrand, d'une opinion de l'Empereur sur lord Wellington, opinion dont il plaît à l'officier anglais de faire M. le grand-maréchal du palais le porte-voix et le traducteur. Selon le capitaine du *Bellérophon*, M. le général Bertrand, interrogé sur ce que Napoléon pensait du vainqueur de Waterloo, aurait répondu : « Parbleu! je puis vous
« rendre son opinion presque dans les mêmes termes qu'il me
« l'a donnée à moi-même : *Le duc de Wellington, pour le ma-*
« *niement d'une armée, est tout-à-fait égal à moi, avec l'avan-*
« *tage de posséder plus de prudence.* » Est-il présumable que ce jugement soit celui que Napoléon a porté du général qui échoua si complètement à Toulouse, et qui ne dut la couronne, dont l'Europe para sa tête après Waterloo, qu'à des circonstances tout-à-fait indépendantes de ses prévisions? Waterloo est-il donc un Austerlitz, et Toulouse un Marengo? Comment nous persuadera-t-on que l'Empereur, à qui des entreprises colossales et d'immenses succès avaient donné le droit de se croire un grand homme de guerre, ait pu, par un excès de modestie puérile et si loin de son caractère, se comparer un officier dont le talent ne fut supérieur à celui d'aucun des généraux en chef de l'armée française, ni même à celui d'aucun des feld-maréchaux des armées alliées?

« Si Bonaparte proféra les paroles qu'on vient de lire, c'était sans doute dans un de ces momens de gaîté où le persifflage prenait chez lui un ton sérieux qui pouvait tromper ceux qui le connaissaient mal, mais que M. Bertrand devait très-bien savoir distinguer. Dans plusieurs occasions, l'Empereur eut à s'expliquer sur le compte du Turenne de la Sainte-Alliance, et il le fit en des termes beaucoup moins louangeurs que ceux dont M. Maitland a répandu l'obligeante tradition; comment Sainte-Hélène aurait-elle modifié les opinions émises à l'île d'Elbe, aux Tuileries ou au quartier-général de Mont-Saint-Jean?

« On a plusieurs fois supplié M. le grand-maréchal du palais de s'expliquer sur ce passage de la *Relation* de sir Maitland; M. Bertrand n'a pas cru devoir se rendre à ces invitations. Il est fâcheux qu'il n'ait pas daigné réfuter ou appuyer de son témoignage l'assertion du capitaine anglais. Ce n'est pas une chose indifférente cependant pour lord Wellington et même pour Bonaparte, qu'un aveu ou une dénégation de la part du général Bertrand. Nous ne comprenons pas la cause qui enchaîne la plume de cet ami de l'Empereur. Sir Maitland a-t-il dit ou non la vérité? Cette question mérite bien une réponse. Ne rien dire, c'est, dit-on, confesser la vérité d'un fait avancé par autrui; il nous faut donc croire que le commandant du *Bellérophon* a rapporté fidèlement les paroles de Napoléon d'après M. Bertrand; eh bien! c'est une croyance que nous n'aurons jamais : on ne croit pas facilement l'absurde.

» M. de Las Cases n'a pas eu, sur les faits qui le concernent dans la *Relation* de sir Maitland, les mêmes opinions que le général Bertrand. L'officier anglais lui avait fait jouer, dans la négociation qui eut pour résultat la captivité de Napoléon, un rôle peu conforme au caractère de cet homme honorable; il a protesté. Il avait raconté, dans le *Mémorial de Sainte-Hélène*, comment on en agit avec l'Empereur pour l'attirer dans le piége qu'on lui tendait à bord du *Bellérophon*; il s'en réfère aujourd'hui à cette narration que M. Barthe[1], consulté sur la vérité et la moralité des faits, confronte avec celle du capitaine Maitland, et dont cet avocat célèbre tire cette conséquence invincible :

» Napoléon était l'hôte du gouvernement anglais, et la violence qui porta l'ex-empereur à Sainte-Hélène, et qui l'y enchaîna jusqu'à sa mort, loin d'être l'exercice d'un droit, fut au contraire la violation de la foi jugée.

» L'histoire aura, à MM. de Las Cases et Barthe, une obligation fort grande : éclaircir un point historique de l'importance de celui-ci, c'est rendre un véritable service. Il est démontré aujourd'hui que la protestation de Napoléon a toute sa force, et que » la foi britannique s'est perdue dans l'hospitalité du *Belléro-* » *phon.* » Espérons encore que, grâce à M. le général Bertrand, il sera établi un jour que Bonaparte rendit pleinement justice au mérite de lord Wellington, mais qu'il ne l'égala pas à César. »

(*Rognure de* la Pandore.)

Vous voyez, Excellence, ce que peuvent des cœurs reconnaissans. MM. Lourdoueix et Deliége aiment et honorent le duc de Waterloo, car sans lui, pensent-ils, ils ne seraient point censeurs, l'un à vingt mille francs, l'autre à neuf mille. Mettre en doute la supériorité de lord Wellington sur l'Empereur, c'est insulter M. Lourdoueix lui-même; il l'a bien fait voir au rédacteur de *la Pandore*. Mettre en doute l'infaillibilité de Louis XIV, c'est insulter M. Deliége.

[1] Réfutation de la Relation du capitaine Maitland, commandant *le Bellérophon*, touchant l'embarquement de Napoléon à son bord, rédigée par M. Barthe, avocat, sur les documens de M. le comte de Las Cases, augmentée du testament original de Napoléon.

Chez A. Dupont, rue Vivienne, n° 16, et chez Delaforest, libraire, rue des Filles-Saint-Thomas, n° 7, place de la Bourse.

Ce monsieur se fâche tout rouge quand on se permet de dire que Louis XIV était un franc despote. Non, au moins, qu'il nie le goût du pouvoir absolu dans le *grand Roi*, non qu'il le blâme de l'avoir eu; M. Deliége tient pour le despotisme autant que M. de Bonald; il l'aime, il en est l'instrument, et c'est une gloire qu'il n'échangerait pas contre celle de Guillaume Tell et de Washington. A chacun son goût; c'est le vôtre, c'est le sien, ce n'est pas le mien; j'ai tort apparemment, car vous êtes un grand ministre, M. Deliége un grand censeur, et moi un tout petit écrivain de l'Opposition qui perd son temps à dire que la Charte... Allons ne voilà-t-il pas encore que je retombe dans la Charte? n'en parlons plus.

Or, Monseigneur, vous saurez, à propos de M. Deliége et de Louis XIV, qu'un rédacteur de journal présenta à la censure, il y a un mois, certain article sur *les directions pour la conscience d'un roi*, par Fénélon. Dans cet article était racontée l'histoire de ce livre proscrit par Louis XIV et imprimé par ordre de Louis XVI; le rédacteur parlait d'un libraire condamné à la hart, je crois, pour avoir mis en lumière cette philosophique production de l'archevêque de Cambrai; il louait fort Louis XVI d'avoir réparé autant qu'il était en lui le tort fait par son auguste aïeul; il rapportait des paroles pleines de sens du jeune roi qui cédait à sa raison, n'ayant à côté de lui, pour la corrompre, ni une Maintenon ni un Letellier; tout cela était bon, je vous assure, très-bon: M. Deliége en a entièrement décidé. *A refaire*, a-t-il-écrit; on n'a pas refait, Excellence; on a parlé au censeur qui a défendu Louis XIV avec le plus beau zèle, mais avec peu d'esprit. « Ah! çà voyons (c'est le censeur » qui interroge) pourquoi les libéraux en veulent-ils tant à » Louis XIV? Si vous ôtez Louis XIV à la monarchie, que » restera-t-il? » Qu'auriez-vous répondu, Monseigneur? On ne répondit rien, parce qu'on ne sait jamais devant qui on parle. Voilà vos hommes, il n'y a pour eux dans la monarchie que deux choses, Louis XIV et la censure.

Une feuille littéraire avait fait un article sur *le Manuel des jurés*, où était cité un édit de Louis XIV; l'édit resta aux oubliettes de la censure; un décret impérial en fût revenu.

Une autre feuille parlant de Belzoni, raconte les premières années de la vie aventureuse de ce voyageur célèbre; on retranche la phrase que je souligne; phrase bien coupable, car elle contient un fait vrai, mais qui déplait aux jésuites :

« L'habit de moine n'inspira pas le goût de la retraite au novice padouan. Il était déjà las de la vie monastique, quand, au commencement de la révolution, les troupes françaises entrèrent à Rome et y établirent un simulacre de république. Belzoni se hâta de profiter de la liberté qu'ils proclamèrent, et de jeter son froc aux orties. Rendu à l'indépendance, il réfléchit sur ce qu'il allait devenir, et comment il pourrait vivre aux dépens de ce monde qu'il brûlait de parcourir. En Italien adroit, il eut bientôt découvert une ressource. *Les reliques étaient à bon marché à Rome, et les Romains en avaient fait jusqu'alors deux expéditions considérables pour les autres pays catholiques. Belzoni se fit une pacotille, et se mit en route pour colporter et débiter des reliques.* » (*Rognure du Globe.*)

L'apologue n'agrée pas les censeurs plus que l'histoire et la critique. Voici ce qu'ils ont supprimé :

Les Trois Clefs. (Apologue.)

« Resplendissante d'un or pur et poli, la clef de chambellan se pavanait un jour sur la basque d'un habit brodé, et disait dans son orgueil : « Quelle clef pourrait s'égaler à celle qui ouvre la porte des grâces et des honneurs? — Moi, répondit du trou de sa serrure une petite clef de fer propre et luisante, mais toute simple et sans ornemens. — Et qui es-tu, pour avoir une telle prétention? — La clef du boudoir. Dis-moi, belle orgueilleuse, que sont les honneurs sans le plaisir? une vaine spéculation... » Lors, d'une voix pure et aérienne, une troisième clef, qu'on n'apercevait point, fit entendre ces mots : « Les honneurs sans le plaisir sont peu de chose, et tous les deux sans moi ne sont rien du tout. — Quelle présomption! s'écrièrent à la fois la clef de chambellan et celle du boudoir; mais qui nous parle ainsi? est-ce la clef du coffre-fort? — Non. — Celle du caveau, peut-être? — Non plus. — Montre-toi, parais à nos yeux. — Je ne le puis; car, de ma nature, je suis invisible. — Invisible! et qui es-tu donc? — La clef des champs. » (*Rognure de la Pandore.*)

La clef des champs, la liberté, c'est tout un; il n'en faut pas parler. Il faut bien se garder de dire que la liberté vaut mieux que la servitude, c'est-à-dire, la clef des champs mieux que la clef de chambellan. Chambellan! oh!

ce n'est pas peu de chose au moins; gardons-nous d'en rire ou d'en laisser rire; sauvons la monarchie, ne sortons pas de-là. L'apologue compromet la monarchie surtout quand il compromet la clef de chambellan; effaçons vite l'apologue.

Mais voici mieux encore, Excellence, une fable de La Fontaine biffée!

LE POUVOIR DES FABLES.

Dans Athène autrefois, peuple vain et léger,
Un orateur, voyant sa patrie en danger,
Courut à la tribune, et, d'un art tyrannique,
Voulant forcer les cœurs dans une république,
Il parla fortement sur le commun salut.
On ne l'écoutait pas. L'orateur recourut
 A ces figures violentes
Qui savent exciter les ames les plus lentes:
Il fit parler les morts, tonna, dit ce qu'il put.
Le vent emporta tout; personne ne s'émut.
 L'animal aux têtes frivoles,
Étant fait à ces traits, ne daignait l'écouter;
Tous regardaient ailleurs; il en vit s'arrêter
A des combats d'enfans, et point à ses paroles.
Que fit le harangueur? Il prit un autre tour.
Cérès, commença-t-il, faisait voyage un jour
 Avec l'anguille et l'hirondelle:
Un fleuve les arrête, et l'anguille, en nageant,
 Comme l'hirondelle en volant,
Le traversa bientôt. L'assemblée, à l'instant,
Cria tout d'une voix: Et Cérès, que fit-elle?
 Ce qu'elle fit? un prompt courroux
 L'anima d'abord contre vous.
Quoi! de contes d'enfans son peuple s'embarrasse,
 Et, du péril qui le menace,
Lui seul entre les Grecs il néglige l'effet!
Que ne demandez-vous ce que Philippe fait?
 A ce reproche l'assemblée,
 Par l'apologue réveillée,
 Se donne entière à l'orateur.
 Un trait de fable en eut l'honneur.

Nous sommes tous d'Athène en ce point, etc., etc.

(J. LA FONTAINE, liv. 8, fab. 4.)

(*Rognure de* la Pandore.)

Vous voyez qu'ils n'ont respect pour rien, vos tondeurs littéraires: le Bonhomme subit l'affront de leurs coups; Molière et Corneille n'auraient pas meilleure chance, et vous-même, M. Corbière, vous ministre et leur patron, ne seriez point épargné, si d'aventure vous deviez passer sous leur couteau? Qu'on essaie de jeter à ces Messieurs quelque lambeau de votre éloquence d'Opposition, un de ces tiers plaidoyers pour les droits constitutionnels et contre Decaze, Pasquier et de Serre, une de ces oraisons dont votre compère Villèle daignait être content, et vous m'en direz des nouvelles. Il n'en reviendra mot; je vous demanderai alors si un de vos discours tué sous le sieur de Lourdoueix est un bon argument en faveur de la censure. Encore concevrait-on que l'irrévérence du censeur pût vous rendre service en vous traitant comme La Fontaine : car elle vous épargnerait la pudeur de vous avouer que dix années ont bien changé vos sentimens; mais qui doit lui avoir obligation de ses rigueurs pour le fabuliste? Qui donc est outragé par l'apologue du bonhomme Jean? L'animal aux têtes frivoles, le peuple? Bon! la censure n'est pas là pour venger ses outrages (ceux du peuple, j'entends), mais pour empêcher qu'on ne les venge. La fable n'attaque ni vous, ni le cuisinier de M. de Villèle, ni la maîtresse de quelqu'un qui tient à quelque chose, ni un chien de la meute royale, ni le successeur de M. Vidoc; pourquoi est-elle retranchée? Grande question, Monseigneur, et difficile à résoudre. Cérès, c'est Cérès; l'orateur, c'est Démosthène et point un ministériel, féal des censeurs; les Grecs sont ceux qu'inquiétait le Macédonien et non le Turc légitime que vous avez si long-temps protégé; Philippe, c'est tout bonnement le père d'Alexandre : à qui diable tout cela fait-il allusion? A rien, à personne; à moins que Cérès, empêchée par le fleuve, ne soit la liberté arrêtée par le jésuitisme, l'orateur M. Royer-Collard ou M. de Beaumont, et Philippe, la congrégation qui a enfanté M. Franchet, conquérant de la France *ad majorem gloriam Dei!* La Fontaine n'avait pas pensé à cela; le rédacteur de *la Pandore* pas davantage. Voici le mot de l'énigme.

Tout Paris courait au Jardin des Plantes visiter la Girafe; on ne parlait que d'elle; c'était la mode. On avait tout oublié pour ne s'occuper que de la bête envoyée par le pacha d'Égypte; on négligeait de grands intérêts : l'élection d'Angoulême, la dissolution possible de la Chambre, la formation des listes des jurés, les chicanes du tourniquet, le camp de Saint-Omer, Mont-Rouge, la Grèce, le soufflet du dey d'Alger à notre représentant, la censure elle-même.... une Girafe tournait la tête au *peuple vain et léger. La Pandore*, journal qui traite des mœurs, ne pouvait pas s'empêcher d'en faire la remarque; elle a voulu publier la fable que vous venez de lire, mais le sieur Deliége y a mis bon ordre. Coupé! La Girafe est une bête politique qui, dans la politique bête de nos hommes d'État, entre comme moyen de diversion. Pendant que le peuple parle de l'amble, des cornes, de la robe, du cou et des beaux yeux de cette autruche des quadrupèdes, il ne demande pas ce que Philippe fait. Il faut donc empêcher qu'on ne le désenchante sur la Girafe et qu'on ne le réveille par un apologue. Fouché avait aussi sa Girafe; mais elle était spirituelle et amusante au moins; c'était Geoffroy, payé pour feuilletonner, faire la parade et divertir les Parisiens entre deux batailles ou deux créations de rois. M. Delavau se contente de moins; il dit son mot à la censure qui protégera la représentante de sa gracieuseté algérienne, ôtera des journaux tout ce qui peut en rendre la lecture bonne aux citoyens, remplira leurs colonnes de détails sur les crimes, les inondations, les orages; et leur vantera sa bienveillance, si elle les laisse parler pendant quinze jours d'un crocodile mort auprès du Hâvre, d'un Boa qui mange des poules, d'un serpent à sonnettes qui mord des lapins, de trois esturgeons qu'on pêcha dans le Rhin, de six sauvages arrivés de l'Huronie ou d'ailleurs, et de la baleine perdue dans les eaux d'un petit fleuve américain.

Que La Fontaine tombe sous la hache de nos Trois-Échelles littéraires, c'est quelque chose, mais ce n'est pas tout encore. M. de Villèle (frottez-vous les yeux, Monseigneur), M. de Villèle y succombe aussi. Une lettre dictée par lui à son secrétaire ne peut être publiée. La pièce que je transcris vous mettra au fait de ce dont il s'agissait.

Ministère des finances.

« Monsieur,

» J'ai l'honneur de vous rappeler que l'abonnement du Ministre des Finances au journal de *la Pandore* expire le 30 de ce mois. Comme il ne doit pas être renouvelé, je vous prie de vouloir bien faire cesser l'envoi de cette feuille à la même époque du 30 juin.

» J'ai l'honneur de vous saluer.

Signé, F. Mothet.

» 25 juin 1827.

» *Note du Rédacteur.* — M. de Villèle aime la liberté de la presse; cette lettre le démontre évidemment. »

M. le comte d'Appony, qui n'aime pas plus que votre collègue à lire les journaux censurés, n'a pas adressé de note officielle à la *Pandore*; mais il fait dire par un agent accrédité que Monseigneur *reprendrait son abonnement à l'expiration de la censure*.

L'inquisition, sachant le mépris qu'elle inspire, fait d'inutiles avances à quelques personnes pour essayer de se réconcilier avec le public. Un des censeurs rencontre dernièrement une jeune dame qui vient de mettre au jour un livre intéressant; il aborde cette personne dont la pudeur était alarmée d'une semblable mésaventure et qui cherchait à fuir; il se confond en politesses et en offres de services : « Je suis censeur, Madame, et si je puis vous » être utile à quelque chose, je vous prie de ne pas m'é- » pargner. Je ne ferai pas pour vous d'articles dans les » journaux, mais j'empêcherai qu'on ne vous y déchire. » L'auteur baissa son voile et s'éloigna bien vite; ce fut sa réponse. Un homme de sens et de cœur eût donné sa démission après cette déconvenue; le censeur emboursa l'affront, et il alla rayer l'article suivant pour rendre à vingt personnes le bon office que madame E. venait de refuser; c'est qu'il est d'une obligeance, ce cher monsieur !

« *Le Code gourmand* crée des illustrations nouvelles; il recommande à la vénération des peuples mangeurs quelques personnes que d'autres mérites avaient déjà mises en lumière. Il nous apprend que, depuis Crébillon fils, Baptiste cadet est le plus grand mangeur d'huîtres connu; que M. Doumerc de Lacase est un gourmet fameux en matière de vins blancs; que M. Abel Hugo « prend, après chaque repas, son café sans sucre dans une tasse « qui servirait au besoin de soupière à dix personnes; » que « le » spirituel et joyeux M. Romieu est le seul gourmand qui ne » boive jamais ni café ni liqueurs; » que M. le docteur Alibert a, le dimanche, d'excellens déjeuners qui ont acquis une juste célébrité; que M. Lemaoût de Saint-Brieux est un beau génie en fait de moutarde; que M. Picard (l'auteur de *la Petite Ville*) a des connaissances profondes en fruits et en légumes; que M. Etienne Béquet a un courage culinaire à toute épreuve; que M. Scribe donne des diners qui ont de « l'éclat; » que le libraire Ladvocat a du Clos-Vougeot blanc exquis; que MM. Guesdon, Mollard, Prat et Sevène, de Lyon, sont des convives aimables, spirituels, et dignes appréciateurs des bonnes choses; que M. le président Flotte, de Marseille, fait d'excellentes chansons et de « très-délicat punch aux œufs; » que M. Georgerat de Beaujeu a pour cuisinière une certaine Pierrette qui manque à la gloire

de la capitale; que « le café Anglais cite chaque jour les ingé-
» nieuses conceptions de M. A. Malitourne, auteur d'un éloge
» de Lesage » (c'est le romancier et non le pâtissier : on pourrait aisément s'y tromper); que M. Artus père, un des premiers
violons de la province, en est aussi un des gourmands les plus
distingués; que M. Tastu a une aussi bonne cave qu'une bonne
imprimerie, et qu'enfin M. Rousseau, « aimable auteur de *Ma-
» non misanthrope,* » absorbe des quantités de vin de Champagne « à noyer une baleine. »

« Ces documens sont précieux pour l'histoire, et il faut savoir
gré à l'auteur du *Code gourmand* de les avoir recueillis. Si c'est
une indiscrétion de la part de ce législateur d'avoir fait en
quelques mots les biographies des véritables épicuriens de ce
temps-ci, les personnes qu'il a nommées devront la lui pardon-
ner en faveur des progrès de la science. Montmaur, d'Aigrefeuille,
Brillat Savarin et La Reynière ont engendré MM. Abel Hugo,
Romieu, Alibert, Picard, Flotte et Malitourne : c'est l'éloge public de ces gastronomes qui fera naître l'émulation, qui engen-
drera d'autres amateurs dignes de ces maîtres. *Fiat*, et vive l'imprimerie! »   (*Rognure de* la Pandore.)

Ceci, Monseigneur, ne vous paraît-il pas bien dange-
reux? « Vive l'imprimerie! » cri séditieux s'il en fut jamais! C'est périsse! qu'il fallait dire; car à cela tout le
monde gagnerait : les courtisans qu'on laisserait en paix
lécher la main du prince et intriguer pour une clef à pen-
dre au bouton gauche de la taille d'un habit; les jésuites
qui pourraient gagner du terrain sans se le voir disputer
par des citoyens que la presse encourage; les censeurs qui
seraient tout autre chose qu'ils ne sont, et peut-être exer-
ceraient une profession libérale et honnête; et vous, M. le
comte, dont les bouquins doubleraient de prix, grand bon-
heur pour un bibliophile. On a dit que vos gens avaient
interdit la publication de cet article, sous prétexte qu'il
contient des *personnalités*; défaite à laquelle vous ne croi-
rez pas plus que moi. Le *Code gourmand* a paru, et personne ne s'est trouvé offensé de l'indiscrétion de l'auteur[1];
qui, en effet, aurait pu l'être? Mademoiselle Pierrette?
on fait son éloge, et un éloge est une douce personnalité;
le président Flotte? mais parce qu'on dit qu'il fait d'excellent punch aux œufs, on ne dit pas qu'il fait de mauvais
arrêts; M. Ladvocat? M. Alibert? M. Picard? M. Malitourne? ces messieurs ne se sont point fâchés, je vous as-

[1] MM. Picard et l'abbé Bonnevie ont donné d'excellens dîners à l'auteur
du *Code Gourmand*; la reconnaissance avait dicté le menu. Toutes les vertus
ne sont donc pas mortes!

sure. M. Piet a déclaré qu'il ne voulait pas qu'on annonçât au public où il va dîner ; mais il n'a jamais protesté contre la réputation de gourmand qu'on lui a faite. Phagon, Lucullus, Jules César, Apicius, Verrès, ont-ils traduit devant le juge correctionnel les Romains qui les taxaient de gourmandise ? Point que je sache. Il n'est pas un des *trois cents* dîneurs de la rue Thérèse ou de l'hôtel Rivoli qui mettent huissiers, gendarmes et procureurs du roi en campagne pour demander raison d'une mention dans le *Code gourmand*, si on ne sait pas dépendre son vote de l'excellence d'un coulis. Le censeur a donc pris les intérêts de quelques gastronomes plus qu'ils ne veulent eux-mêmes. Mais n'y aurait-il pas quelqu'autre motif à sa colère ? Un de ses collègues absorbe peut-être plus de Champagne que M. Rousseau, et on a négligé de le nommer ; de-là la radiation [1]. Pourquoi pas, Monseigneur ? Soyez un jour membre de l'inquisition littéraire et qu'on vous présente un éloge de la bibliothèque de M. Renouard aux dépens de la vôtre, vous regarderez cela comme une personnalité, et vous effacerez l'article ; ce sera injuste, niais, tout ce qu'on voudra, ce sera cependant : tout fonctionnaire obéit d'abord à ses petites passions d'homme, et puis le bon sens et la loi s'arrangent comme ils peuvent. Oubli de l'un et de l'autre, peccadille dont on ne se confesse point quand on est inscrit dans l'*Almanach royal*.

Les discussions sur les arts sont interdites aux meilleurs des journaux spécialement consacrés à ces matières : c'est tout simple, Excellence, ces journaux ont la sottise de n'être point vendus à ceux qui veulent tout acheter ; on y blâme vos architectes et vos commis ; on n'y trouve pas admirable ce que vos gagistes louent ; il faut donc que la guerre leur soit faite : les inquisiteurs s'en acquittent à merveille. Voyez ce qu'ils défendent à *la Pandore* et ce qu'ils ont permis à d'autres : bonne justice qui fait détester vous et les vôtres ; mais vous êtes philosophe, Monseigneur, et au-dessus de la haine des Français.

« Les barraques de la cour du Louvre sont achevées ; elles

[1] Il est en effet un censeur que chaque soir retrouve un peu plus que gris. La *Gazette d'Augsbourg* le nomme en toutes lettres ; je serai plus réservé. C'est de cet épicurien que le rédacteur en chef d'un journal politique disait spirituellement, en le voyant revenir bien aviné aux bureaux de la censure, où plusieurs personnes l'attendaient : « Il vient de noyer nos soucis dans » les pots. »

s'emplissent tout doucement des produits de nos manufactures. La place laissée à chaque fabricant est si étroite, qu'... t malheureusement beaucoup d'objets qui ne seront point ...rçus du public. Quinze pieds est le maximum des loges accord..es aux exposans : cela ne peut suffire, tout le monde en convient. Pourquoi a-t-on donc élevé ces monumens de sapin? N'y avait-il point à Paris d'emplacemens publics capables de recevoir plus convenablement les échantillons de nos richesses industrielles? On porte à 500,000 fr. les dépenses faites en constructions provisoires pour l'exposition du mois prochain : c'est énorme. Cependant il ne faudrait pas se plaindre, si on avait doublé cette somme afin d'édifier quelque chose de durable pour la même destination. Un bâtiment simple, mais vaste, qui aurait pu servir aux exhibitions des arts et de l'industrie, eût été élevé en six mois au plus; pourquoi ne l'a-t-on pas fait? Après huit expositions, les baraques auront plus coûté que la construction de pierre dont nous parlons. Le gouvernement aurait pu d'ailleurs tirer bon parti d'un tel édifice : d'abord il n'eût jamais été forcé à aucune dépense pour l'exposition des tableaux au Louvre; il n'eût pas eu surtout à redouter les accidens qui menacent toujours les chefs-d'œuvre des écoles anciennes, quand on accroche au salon les travaux des peintres modernes; il eût ensuite loué des salles aux citoyens qui ont intérêt à montrer particulièrement, dans l'intervalle des expositions, les résultats de leurs découvertes; et le prix de la location, qui eût été toujours fort modéré, parce que le gouvernement doit favoriser les citoyens, aurait bien vite fait rentrer au Trésor des fonds votés pour un établissement si utile et si libéral. Il est fâcheux que cette idée ne soit pas venue au ministre des arts; nous aurions eu une belle fondation de plus et une grande économie pour l'avenir de notre budget.

Aux journaux des théâtres les observations sur l'administration théâtrale sont défendues. Vous ne savez pas que de *noli tangere* il y a dans cette grande affaire! Or oyez de vos deux oreilles de ministre.

L'Opéra-Français et le Théâtre-Italien étaient au moment de passer entre vos mains ou celles de M. Lourdoueix; vous deviez ensuite les céder à M. le Préfet qui, à son tour, *les aurait remis à un fermier trop connu pour qu'il soit nécessaire de le désigner. Le Mercure du dix-neuvième siècle* veut annoncer ce fait, et la censure biffe la phrase que je transcris. Vous voyez tout de suite pourquoi, Monseigneur; le *fermier trop connu* c'est le fermier des jeux qui gagne des sommes énormes, sur lesquelles M. de Bonald prélève annuellement 12,000 fr. depuis les temps de l'empire. Il faut respecter ce fermier-là qui tient l'immoralité à bail, et paie de ses produits les hommes religieux pour qu'ils travaillent à sauver la monarchie.

Le théâtre de la Porte-Saint-Martin fait mal ses affaires, il y a imminence de mort, dit-on ; fort heureusement la salle est mauvaise, on peut la faire fermer, et par le grand mot : *force majeure*, se dégager avec une foule de pauvres diables qui ont des engagemens jusqu'à 1830, c'est-à-dire l'espoir du pain et de l'eau pendant quatre ans encore : on le propose, on l'obtient. On s'avise de penser qu'infuser le mélodrame dans la tragédie, le vaudeville dans le pasticcio et le ballet dans la comédie, serait une excellente affaire ; on se rapproche, on discute, on s'arrange ; la Porte-Saint-Martin ira vivre dans l'Odéon, et il en résultera, quoi ? La clôture de la Porte-Saint-Martin, d'abord, et au bout d'un an celle de l'Odéon. Victoire signalée pour le jésuitisme qui veut amortir tout esprit public, et qui, après avoir bâillonné la presse périodique, marche à la ruine des théâtres. Des gens spoliés, réduits à la misère, c'est ce dont on ne se soucie point chez vous, vous le savez, Monseigneur. L'affaire se fera, et les journaux n'en pourront rien dire, à moins qu'ils n'en parlent comme M. Sosthènes et votre Excellence. *La Pandore* n'a pas la faculté de raconter les faits, non plus que *le Courrier* et le *Journal des Débats*. Le bon moment pour faire des sottises que le règne de la censure ! ne vous en faites pas faute, Messieurs ! prenez vos ébats ; qui sait s'il y aura un lendemain ? mais s'il y en avait un, mon bon Seigneur ?

Vous ne savez pas que vous avez écrit à quelques-uns de vos préfets de supprimer aux théâtres soumis à leur protection, les subventions départementales nécessaires à la plupart d'entre eux ; les journaux le savent ; mais s'ils veulent l'apprendre au public, vous êtes là en huit personnes pour les en empêcher ; c'est votre secret, ou plutôt celui des révérends Pères ; il faut le bien garder. Détruire les théâtres, restaurer les couvens, voilà le grand œuvre. On y travaille avec courage, et le plus fort est fait. Capucins et jésuites pullulent, s'engraissent, et le véritable ordre mendiant, bientôt, sera celui des comédiens.

Vous ruinez la tragédie et la comédie, au profit du mélodrame ; si l'on veut féliciter Votre Excellence sur son bon goût, votre modestie repousse tout éloge, et les journaux, sur cela, comme sur le reste, sont réduits au silence. *Vive Colbert!*

Une personne très-avant dans l'affection de quelqu'un dont j'ai souvent parlé dans cette lettre, fait des romans médiocres et de mauvais ouvrages de théâtre ; aucun journal n'a le droit d'être franc à cet égard. La censure et la crainte de provoquer la colère du quelqu'un que je dis, fait que pièces et romans sont excellens. C'est un éloge négatif ; quant au positif, les feuilles ministérielles s'en chargent, et ainsi se vérifie la parole du censeur Berchoux :

> La police fera réussir vos ouvrages
> Par les agens lettrés qu'elle prend à ses gages.

Les dix-sept protègent tout ce qui s'appelle autorité, pouvoir, du premier gentilhomme, au suisse, du directeur, nommé par votre collègue de la maison du Roi, au gendarme qui fait filer les voitures. Le bureau des assurances pour l'impeccabilité des Mazarins du tripôt comique, exerce la surveillance la plus active ; toute plainte est rayée ; toute observation rayée ; tout éloge des comédiens qui déplaisent au visir ou au sultan, rayé ; toute critique d'acteurs qui ont de *bons sentimens* (le dévouement pour le maître), rayée ; dire qu'on a sifflé M. Lemonnier, interdit ; dire qu'on applaudirait Ponchard, plus interdit encore. MM. d'Aumont et Guilbert de Pixerécourt font de l'histoire dans ce moment ; mais M. d'Aumont est gentilhomme, et M. Guilbert, salarié ; défense donc de parler du coup d'État de l'Opéra-Comique. C'est à mourir de rire, Monseigneur, ou plutôt c'est à faire pitié !

Si votre veilleuse n'est pas encore allumée, Excellence, il faut que je vous conte la révolution du Stamboul lyrique.

Feydeau est gouverné à la turque ; le pouvoir absolu y a pris racine sur les ruines de la république. La loi y est sévère ; arrêtée en *conseil de l'étrier*, elle est exécutoire, même avant d'être promulguée ; la volonté du souverain la modifie, les vœux du sujet contre elle la rendent plus terrible.

Lassés de l'égalité, les sociétaires de Feydeau ont demandé un roi ; mal avisés qui n'ont pas lu La Fontaine ! On leur a donné M. de Pixerécourt, en leur disant : C'est un tuteur. Ils ont cru qu'en effet c'était un tuteur, un père ; mais bientôt ce père, ils l'ont trouvé peu paternel ; ils ont eu tort probablement ; car eux, comédiens, excommuniés, ne peuvent avoir raison. Ils haïssent leur maître, voyez l'ingratitude ! mais voilà le siècle ; M. de

Villèle, M. Corbière et M. de Peyronnet sont peu aimés aussi de la nation à qui ils ont ravi cependant tous ses droits, et qu'ils administrent avec des garnisaires, des mouchards et la censure! c'est de quoi consoler M. de Pixerécourt.

Comme une fois les sociétaires avaient demandé un tuteur, ils ont cru pouvoir en demander un autre. Bon! un autre! M. de Pixerécourt est le directeur qu'il faut. — Pourquoi? — Parce que; cela répond à tout.

La pétition des grenouilles au soleil, M. d'Aumont, pour l'abdication de leur grue, M. Guilbert, irrite ledit sieur de Pixerécourt et M. d'Aumont. Il faut punir des séditieux qui se permettent d'attaquer la légitimité du délégué d'un gentilhomme de la chambre; on réfléchit, et puis on accouche d'une constitution en manière de code pénal. Alors, quand on est bien sûr de son fait, on pense à porter un grand coup. L'appareil d'un lit de justice est préparé. On convoque, rue Plumet, le ban et l'arrière-ban de la comédie. Sociétaires retirés, sociétaires en activité, pensionnaires, chefs de services grands et petits, se réunissent à l'hôtel de monseigneur d'Aumont. Des fauteuils, des chaises, des banquettes, des tabourets reçoivent, par rang d'ancienneté et d'importance, Messieurs et Mesdames. Le régisseur-général manque à l'assemblée; il a été renvoyé comme un coquin; mais c'est un honnête homme, M. Leméthéyer, et sa disgrâce l'honore; elle n'honore que lui : les destitutions, par le temps qui court, ont cela de bon.

Assis sur le velours de Monseigneur, on cause, on préjuge la farce solennelle qui va être jouée. — Silence, Messieurs, dit un huissier de la chambre! — Monsieur le Duc! dit d'un *air bien méchant* le suisse qui a emprunté à *Aktintirkhoff* la hallebarde dont il frappe deux coups par terre, comme un suisse de paroisse quand un curé s'en va dire la messe, comme un garde de la manche quand le Roi entre à la chapelle.

Deux battans s'ouvrent; on aperçoit un cordon bleu, c'est M. d'Aumont. M. Guilbert, natif de Pixerécourt, le suit et se placera à sa droite, le secrétaire marche après, et siégera à sa gauche.

Les portes latérales sont entrebâillées; des faces de vilains garnissent le *huis*; un autre cordon bleu (la cuisinière de l'hôtel), les palefreniers, les valets de chambre, la femme de charge, le cocher, les laveuses de vaisselle, enfin tout un parterre de laquais va assister à la représentation qui commence.

M. d'Aumont prend la parole. M. d'Aumont n'est pas orateur; l'éloquence est, vous le savez bien, un don fort rare, et après tout, on n'en a pas besoin pour être premier gentilhomme; M. de Peyronnet s'en passe à merveille; il parle, et voilà tout. M. d'Aumont parle aussi; lentement, pour être mieux compris et pour se mieux comprendre lui-même, haut pour être entendu de madame Saint-Aubin, qui siége devant lui, et d'un groom qui n'a qu'une oreille dans la salle d'audience, et qui est fort curieux de savoir si on fouettera M. Guilbert, ou si c'est M. Guilbert qui fouettera les autres.

Monseigneur d'Aumont félicite M. Guilbert de sa gestion et de la haine qu'on lui porte; modeste, celui-ci, rougit et s'incline; M. le duc réprimande les comédiens qui ont méconnu les bontés de M. Guilbert; M. Guilbert rougit encore et s'incline de nouveau. Personne ne dit mot, les uns parce qu'ils étouffent de colère, les autres parce qu'ils suffoquent de rire. Jean-Bon-Saint-André (que ce nom n'effraie point Votre Excellence) *disait le reste* à bord d'un vaisseau de la république dont le commandant n'avait pas *la parole en main*; M. Guilbert est prié de dire le reste, et ce reste ce sont *quarante-cinq articles* réglémentaires, contresignés de La Bouillerie, d'Aumont et G. de Pixerécourt. Je vous les adresse, Monseigneur, et vous verrez que le génie de M. le garde-des-sceaux n'aurait pas trouvé mieux. C'est une *loi d'amour*, car il n'y est parlé que de punitions; c'est une *loi de justice*, car l'arbitraire y trouve son compte à tous les paragraphes.

Comme l'ordonnance du 17 juillet 1827 met des citoyens hors la constitution du royaume et leur interdit, sous le bon plaisir de MM. Guilbert et d'Aumont, leur industrie *per orbem terrarum*, on s'est étonné qu'un ministre responsable n'ait pas contresigné cette dérogation à la loi commune. Excellence, c'était bien votre lot. L'insurrection de Feydeau et celle de la garde nationale parisienne, ce sont mêmes choses. Les gardes nationaux avaient crié: *A bas Villèle! A bas les ministres!* les sociétaires ont crié: *A bas Guilbert!* Le contre-seing de l'ordonnance d'Aumont manque donc à votre gloire constitutionnelle.

La plus belle imaginative a dicté le code des acteurs de

Feydeau. Vous admirerez l'économie de ses dispositions ; la bonne grâce du préambule qui fait compliment à M. Guilbert *du rang distingué où il a placé la musique française* (vous savez les chefs-d'œuvre que les regards de ce grand homme a fait éclore!), et vous écrirez à votre confrère de *la Société des Bibliophiles* pour le louer d'avoir remis en lumière un de ces vieux édits qui interdisaient aux schismatiques, excommuniés et autres, le pain, l'eau et le feu. Un comédien expulsé par M. d'Aumont du théâtre de M. Guilbert, ne pourra jouer sur aucun théâtre du royaume! Cela est sublime de conception, n'est-ce pas? Le crime de ne pas vouloir chanter à Feydeau est irrémissible, et mort peut s'ensuivre ; car tout le monde ne sait pas faire des souliers, des perruques ou des ordonnances. Rejeté de l'Opéra-Comique, le comédien sera réduit à l'aumône.

Qu'on est heureux de naître gentilhomme! on a place à la cour, équipage, cordon bleu et ce qui s'ensuit ; on a un petit ministère sans responsabilité ; de talent on en a toujours de reste, des flatteurs on en trouve, des critiques on n'en a point à craindre, car on se recommande à la censure. Si l'on fait une faute, on n'est point expulsé, et si par hasard on est disgracié, on ne perd aucun de ses droits de citoyen ; on vote aux élections, on est de la garde nationale de Versailles ou de Saint-Denis, et si on veut aller exercer son industrie à l'étranger, on peut être directeur de théâtre à Bruxelles ou gentilhomme chez le prince de Monaco ; le bon métier!

Celui de comédien royal au contraire, c'est le bagne moins l'anneau. Avoir du talent, plaire au public, ce n'est rien, il faut plaire au directeur ; sans quoi, vexé, tourmenté, et à la fin chassé ; on court le risque, si l'on n'a point d'amis, de mendier son pain ou de voler sur une grande route. Malheur à qui ne souffre pas sans se plaindre ; on lui donne une cartouche jaune, et défenses sont faites aux directeurs des théâtres de France de donner asile à ce lépreux ; condamné par un gentilhomme à changer de profession ou à périr faute de travail. Quant à la Belgique, à l'Angleterre, il n'y pourra point aller ; la vengeance du supérieur doit être complète, et la police refusera des passe-ports au paria dramatique.

Vive l'arbitraire, Monseigneur! Tout le monde exerce librement son industrie en France, excepté le comédien du Roi Guilbert. Quand vous renvoyez votre domestique, il va monter derrière la voiture de M. d'Hermopolis, s'il leur plaît à tous deux ; quand Brest ou Toulon a relâché le forçat, orfèvre avant les galères, il redevient orfèvre ; le comédien royal, c'est différent. Au mépris de la raison, de l'humanité et de la loi, quand la galère de Feydeau l'a rejeté, il faut qu'il vagabonde ou tisse des cordons d'honneur pour MM. d'Aumont et Guilbert, s'il est assez adroit pour passer la navette.

Un jour ce bon M. Marat disait... Mais j'allais vous conter une histoire, et cette lettre est déjà trop longue ; *retournons à Psyché !* M. Guilbert ayant donné lecture du *code noir*, se prit à improviser à son tour ; il dit qu'ayant géré avec gloire pendant trois ans l'Opéra-Comique, il lui était cruel d'être devenu l'objet d'imputations injurieuses, et que pour se justifier, il demandait la vérification de ses comptes... du dernier trimestre ; puis, voulant que l'aigle finît par embrasser le hibou, il dit à M. d'Aumont qu'il demandait l'oubli du passé.

Cette scène fit peu d'effet ; Auger et, depuis lui, Fleury, l'avaient si bien jouée !... Le lit de justice levé, chacun s'en alla et en traversant les antichambres de Monseigneur, fut salué par les éclats de rire d'une valetaille insolente.

L'ordonnance que vous avez signée, Monseigneur, pour désaffectionner le Parisien de la cause royale, fut imprimée toute de suite dans *le Moniteur* et *le Bulletin des lois* ; il en fut de même pour celle du rétablissement de la censure exécutoire à l'instant. MM. d'Aumont et Guilbert n'y regardent pas de si près ; leur ordonnance fut mise à exécution avant d'être promulguée. Une lecture n'est pas une promulgation, et vous savez qu'avant de tirer sur le peuple il faut lui avoir lu deux fois la loi des séditions.

Onze sociétaires voulurent protester contre le réglement qui viole leur propriété et les fait tomber sous l'arbitraire le plus brutal ; protestation fut faite. Alors les onze s'éloignèrent du théâtre, devenu bientôt plus ridicule que celui de Brives-la-Gaillarde. On déserta Feydeau et l'on siffla les sociétaires qui avaient séparé leur cause de celle de leurs camarades ; imprudens qui ne voient pas qu'un jour viendra où ils seront honnis, tant le public est juste, tant le despotisme le révolte, tant il déteste les citoyens qui se rangent contre l'équité au parti des oppresseurs ! Huet et Lafeuillade furent chassés ; les neuf autres ont demandé la même faveur et l'attendent.

Voilà, Monseigneur, l'histoire de la révolution qui occupe tous les esprits à Paris. On voit à Feydeau ce qu'on voit partout en France : la violence foulant aux pieds la raison, les talens méconnus, les contrats brisés, et le bon plaisir triomphant du bon droit. Il n'y a point de différence entre M. Guilbert, *investi des pouvoirs les plus étendus*, c'est-à-dire recevant, élevant en grade, chassant, et, s'il le veut, bâtonnant les acteurs de Feydeau, et M. de Villèle pressurant, vexant le pauvre monde, et décrétant la censure pour se débarrasser de nos criailleries.

Oh! Monseigneur, que de choses on n'oserait pas faire si la hache de vos inquisiteurs n'était si bien affilée! Avec les journaux libres, M. Guilbert se serait bien gardé de faire son ordonnance, il y a trois mois. Il s'est fait inviolabiliser par la censure, et il n'est pas plus permis de parler de lui et de ses actes que de la girafe et de l'abbé Contrafato. Vous allez voir ce que la censure a empêché d'imprimer dans l'intérêt de MM. d'Aumont et Guilbert, car ces Messieurs sont aussi la monarchie qu'il faut sauver.

M. Leméthéyer avait été renvoyé pour avoir agi généreusement dans l'affaire d'une actrice sifflée.

« La punition était injuste (nous sommes fâchés d'être obligés de le dire), et tous les acteurs en eurent la conscience. Des démarches furent faites pour obtenir la révocation d'un ordre contre lequel on pouvait murmurer sans sédition. Elles aboutirent à des promesses vagues, qu'aucun résultat satisfaisant n'a suivies : la décision de M. le duc d'Aumont est maintenue.

» A ne considérer l'arrêt de M. le premier gentilhomme de la chambre que sous le point de vue du désordre qu'il va jeter et qu'il jette déjà dans l'administration du théâtre Feydeau, il est permis de le trouver très-funeste. Les artistes de l'Opéra-Comique se voient privés d'un fonctionnaire qu'ils aimaient; ils voient, puisque de telles rigueurs sont exercées contre un homme qui ne s'est rendu coupable d'aucun délit, l'arbitraire les menacer. Ils redoutent tout de l'avenir, et leurs craintes nuisent à leurs études. Déjà le répertoire est attaqué, les relâches sont en perspective; la foi que le pouvoir a dans son infaillibilité, la persistance que M. le duc met à ne pas revenir sur une décision prise *ab irato*, exaspèrent les comédiens.

» M. Leméthéyer est une victime que tous ses inférieurs regretteront : chacun sent qu'il a été frappé à la turque. Si, par de telles rigueurs, M. le premier gentilhomme espère faire respecter son autorité, il se trompe; l'équité vaut mieux que la force. Quel régisseur M. d'Aumont pourra-t-il imposer aux sociétaires?

M. Piccini a déjà senti qu'il ne pouvait espérer de se faire agréer de ceux avec qui il est nécessaire qu'un régisseur vive bien; il a donné sa démission. Quel autre agent parviendra à se faire obéir? Quel sera donc le résultat de toute cette affaire? La division dans l'intérieur, la désertion du public, et, en définitive, ce que l'on veut peut-être, la fermeture de l'Opéra-Comique. Ce sera toujours un théâtre de moins. (*Rognure de* la Pandore.)

Voici un article où l'on parlait de l'assemblée des comédiens chez M. d'Aumont.

Le lit de justice. — La nouvelle charte.

« Les artistes aspiraient à être dirigés par un nouvel agent de l'autorité. Ils l'avaient demandé par deux lettres à M. le premier gentilhomme de la chambre; ils appuyaient leur supplique d'un exposé de griefs que nous n'avons pas à juger, nous qui ne sommes pas jurés dans la question.

» Réponse a été faite aux prétentions des comédiens. M. le premier gentilhomme a convoqué chez lui les anciens sociétaires de ce théâtre et les pensionnaires actuels.

» A l'ouverture du lit de justice, M. le duc a adressé une allocution sévère aux ingrats qui méconnaissent les bienfaits de l'administration, et qui ont espéré un changement dans son personnel. La réprimande a été écoutée respectueusement par les comédiens, dont aucun n'a pris la parole pour disculper la troupe, et plaider devant Monseigneur une cause, vaincue peut-être seulement parce qu'elle n'a point été jugée contradictoirement.

» Certes, si des observations modérées eussent été adressées à son excellence par un des sociétaires, M. le premier gentilhomme les aurait écoutées avec attention, et y eût fait droit. Mais le silence des prévenus a dû faire croire à M. d'Aumont qu'ils passaient condamnation sur les délits dont il avait fait le fondement de son monitoire. Après le discours, on a donné connaissance aux comédiens d'une nouvelle constitution qui doit les régir désormais. Nous n'en pouvons donner le texte, qui n'est pas encore imprimé.

» Nous ne connaissons qu'un petit nombre d'articles de cette loi, qui, selon les acteurs, ouvre une porte trop large à une volonté sans contrôle. Tous les droits des sociétaires se trouvent anéantis par le nouvel acte qui les lie au pouvoir.

» La partie pénale de l'ordonnance est la plus longue et la plus décourageante pour les acteurs. Le renvoi est la fin de la plupart des fautes où pourront se laisser aller les comédiens. L'insubordination, dont l'autorité supérieure (non celle des tribunaux) est juge, sera punie avec une rigueur qui est de nature à rassurer les supérieurs contre lesquels les inférieurs sont ou seraient en guerre.

« Toute participation à l'action administrative est interdite aux acteurs. Ils n'assisteront à aucune assemblée; ils n'auront droit à faire ni remontrances, ni observations; ils ne composeront point eux-mêmes le répertoire; on le leur signifiera, et ils devront s'y soumettre.

« L'emploi de régisseur-général est supprimé. On savait que si cette fonction était maintenue, il fallait absolument en pourvoir de nouveau M. Leméthéyer, congédié sans qu'une faute réelle eût motivé son renvoi. On a renoncé à le rappeler au poste où il était très-utile, et son emploi ne figurera plus dans la liste de ceux qui sont rétribués par le budget du théâtre.

« Nous ne pouvons dire aujourd'hui tout ce que le nouvel ordre de choses établi à l'Opéra-Comique, amènera de fâcheux pour les comédiens et pour le public. Nous espérons pouvoir analyser l'ordonnance, et démontrer que l'administration a un peu bien largement usé du privilége de vouloir et de pouvoir, qu'en d'autres temps les sociétaires lui ont si bénévolement concédé, quand ils étaient en position d'être maîtres chez eux. »

(*Rognure de* la Pandore.)

L'espoir que le rédacteur de *la Pandore* exprimait fut trompé par la gardienne de tous les intérêts honteux; la censure refusa une série d'articles dont je ne vous donne pas copie, Monseigneur, parce que votre temps est précieux, et qu'il vous reste, avant de vous coucher, à collationner un exemplaire de *la Sagesse*, bon livre que vous estimez en raison de la largeur de ses marges et de la date de son impression. Lisez cependant ce que les *Capitolinins* ont retranché, toujours pour sauver la monarchie.

« La pluie avait à peu près rempli les salles de spectacle, dimanche dernier. Feydeau a fait douze cents francs de recette. Les pensionnaires qui, avec Lemonnier, faisaient les frais de la représentation, n'ont pas été heureux; le parterre a souvent sifflé; il n'est cependant pas certain que ce fût aux acteurs que s'adressaient ces marques de mécontentement. Si cela continue, l'administration prendra un arrêté contre le public qui se permet de n'être pas content; mais le public pourrait bien n'en tenir compte, et donner aussi sa démission.

—« On assure que le déficit occasioné dans le personnel de Feydeau, par la démission des onze sociétaires, sera bientôt comblé. Des engagemens seront proposés et acceptés sans doute. M. Lavigne, qui, en province, prend encore le titre de premier chanteur de l'Opéra, sera appelé, dit-on, à remplacer Ponchard; M. Josserand, Colin émérite, qui a débuté à Feydeau il y a une trentaine d'années, dans l'*Amour filial*, viendra prendre la place de Lafeuillade; M. Cossard, du théâtre des Nouveautés, sera chargé de l'emploi de basse chantante en remplacement de Valère; M. Darcourt, ex-premier comique de Frédéric-le-Grand, succédera à Féréol; M. Henry, acteur retiré du Vaudeville, remplacera Huet; la maman Rousselois, du théâtre de Bruxelles, mademoiselle Prévost; mademoiselle Colombe, qui s'affectionna tout Paris par la manière brillante dont elle *créa*, au Théâtre-Italien, le rôle de Bélinde dans *la Colonie*, héritera de mademoiselle Eléonore Colon; mademoiselle Dumont, du Vaudeville, sera priée de nous faire oublier madame Boulanger; madame Lebrun, de l'Opéra, viendra chanter le rôle de *Lise* dans *Maison à vendre*, à la place de madame Ponchard; on offrira à mademoiselle Minette, le répertoire de madame Rigaut, et au classique Rafile, celui de Chollet.

(*Rognure de* la Pandore.)

Voilà, Excellence, la liberté des discussions telle que nous l'ont faite vos compères. Ne trouvez-vous pas cela charmant? M. Deliégo dit un jour: La censure permettra tout ce qui sera de la *plaisanterie française*; cette promesse n'a été tenue qu'une fois. M. le préfet du Rhône a nommé censeur M. Idt; les journaux en ont fait M. Idiot, et la censure a donné le *vu et bon à imprimer*. C'est une malice faite à M. Idt par M. Berchoux qui aura entendu quelque discours latin du professeur de rhétorique lyonnais. Les journaux attaquent un censeur, c'est de bonne guerre; mais la censure qui laisse passer l'attaque! et tout Lyon qui rit aux dépens du censeur baptisé par *la Pandore*! La plaisanterie française est répudiée quand elle s'adresse à un exécuteur des hautes œuvres de Paris. On envoie à la censure un ancien couplet bien niais de M. Joseph Pain; il n'en revient pas. *La Quotidienne* ne sachant comment remplir ses colonnes émondées par la faux censoriale, adresse à la commission un article que M. Couvret de Beauregard avait fait, contre le ministère, sur l'*aristocratie moderne*, avant qu'il fût censeur bien entendu; l'article est rayé; Brutus-Couvret l'a étouffé de ses propres mains.

J'aurais mille autres choses à vous raconter, Monseigneur; mais je ne veux point abuser de votre patience. Je me hâte de cacheter ma dépêche. Vous vous étonnerez sans doute que la défense des lettres vienne d'un homme inconnu au Parnasse; mais voilà le temps, Excellence; nous nous mêlons tous de ce qui ne nous regarde pas. Moi, qui n'ai pas l'honneur d'être littérateur, je prends le parti de la littérature, et vous prenez celui de la noblesse!...

J'ai l'honneur, etc.   A. JAL.

Le 12 août 1827.

———

P. S. Permettez que je vous donne quelques nouvelles.

— Un imprimeur de *la Pandore* vient trouver le chef de l'imprimerie et lui dit : « Ne pourriez-vous, Monsieur, me faire faire les *formes* de *la Quotidienne* au lieu de celles de *la Pandore?* — Pourquoi cela, mon ami? — Mon confesseur m'a défendu de travailler à ce dernier journal ; il dit que cela compromet mon salut. »

Riez de ce fait avec M. d'Hermopolis, et assurez-le bien qu'il est dix fois plus exact que les assertions et même les chiffres du *Moniteur* et de M. de Villèle.

— Voici dont vous pourrez vous glorifier auprès du père Ronsin.

Une pièce de théâtre est revenue de vos bureaux avec les coupures d'usage et quelques observations. L'auteur avait écrit : *la scène se passe sur une place publique* ; le censeur a ajouté : « Avoir soin qu'il n'y ait pas de *clocher*[1] dans la décoration. »

---

[1] Les clochers et les cloches sont choses dont il n'est pas permis aux journaux de s'occuper. Voici un paragraphe à ce sujet qui a été retiré à une feuille littéraire dans un article sur l'exposition de l'industrie :

« Nous n'avons pas vu une seule cloche destinée au service des vaisseaux de l'État, mais nous avons été étourdis par cinquante cloches ou clochettes de toutes les dimensions fondues pour différentes églises. Ces produits sont beaux dans leur genre. Un des fondeurs, M. Osmond-Dubois, nous a remis une note officielle qu'il nous a prié de lire avec soin, ce que nous nous sommes hâtés de faire. Dans cette note M. Osmond proteste contre les contrefacteurs, et surtout contre les envieux qui ont osé dire qu'il n'avait pas fondu les cloches de Saint-Sulpice. Voyez la jalousie de métier! Les fondeurs de cloches sont comme les potiers de terre et les poëtes ; mais M. Dubois triomphera de leurs manœuvres ténébreuses. Il a meublé le clocher de Saint-Sulpice, et les registres de la fabrique en feront foi dans la postérité ; établissons, pour le présent, ce fait autant qu'il est en nous. M. Osmond prévient MM. les curés qu'il fond des cloches de toutes les grosseurs ; il en garantit les *accords*, l'*harmonie* et la *bonne qualité* ; il déclare, sans vanité, que celles de Saint-Sulpice lui ont mérité les éloges *de tous les amateurs et connaisseurs* ; sa maison *date depuis 600 ans de père en fils!* Comment l'envie a-t-elle pu s'attaquer à ses cloches? c'est le serpent et la lime. M. Dubois mérite la confiance de MM. les curés et la réputation qu'il s'est acquise ; c'est très-bien, mais ne pourrait-il faire un peu moins de bruit à l'exposition? Toutes les oreilles ne sont pas oreilles d'*amateurs*. Les pianos, passe encore ; mais les cloches!... »

— On prétend savoir que l'administration du Vaudeville a reçu l'ordre de transférer ce théâtre dans un local autre que celui qu'il occupe depuis sa création.

La censure ne veut pas qu'on dise cela à Paris; elle le laisse dire à Lyon, dans le *Précurseur*.

— Le censeur nommé par le préfet de la Haute-Vienne s'appelle *Croqueloi*: M. *Sillanse* a bien ri quand on le lui a appris.

— « Le *Journal des villes et des campagnes*, qu'on ne connaît guère à Paris, se réunit au *Journal des Maires*, qu'on n'y connaît pas du tout. »

Cette grande affaire ministérielle, les journaux n'ont pu l'annoncer. Est-ce que cette annonce compromettrait la monarchie?

— La Prusse rhénane est, en ce moment, visitée par des bandes nombreuses de corbeaux qui menacent les vignes. *Ces animaux font aussi beaucoup de mal en France cette année.*

La dernière phrase a été refusée à *la Pandore* par la censure, qui a voulu justifier cette parole:

Dat veniam corvis, vexat censura columbas.

— M. E. Gosse va publier une traduction des animaux parlans de Casti, avec un nouveau poëme intitulé: les *Bêtes parlantes*. La censure, qui n'a pas de tendresse pour l'auteur du *Médisant*, a rayé cet avertissement de libraire. Elle n'a pas voulu non plus qu'on annonçât la seconde édition des *Soirées de Neuilly*, proverbes politiques, par M. de Fongeray. Cet ouvrage excellent obtient un succès de vogue. Le second volume paraîtra bientôt; il contiendra quatre proverbes: le *Bon Député* et *Mallet* sont les titres de deux de ces esquisses politiques. La police littéraire en défendra l'éloge.

— La censure fait une difficulté qui étonne même de sa part. Quelques journaux littéraires publient, à des intervalles donnés, des gravures ou lithographies. Ces planches sont déposées d'abord à la direction; le *récépissé* est un permis de distribuer: eh bien! la censure n'en tient compte; il faut que l'on soumette au côté gauche de la rue de Grenelle ce qu'on a soumis au côté droit. Ainsi, on aura accordé là et on refusera ici! Cette combinaison est ingénieuse, n'est-il pas vrai, Monseigneur? C'est M. Deliége qui en a eu l'idée, je crois; je vous le recommande pour la prochaine promotion des ordres.

— L'Ecole royale de Musique et de Déclamation est perdue; les concours de cette année sont pitoyables : on n'y chante plus et on y déclame fort mal. Les sujets manquent; il serait facile d'en avoir, mais on ne le veut pas. Il faut bien laisser mourir le Conservatoire, puisqu'on veut tuer les théâtres. Tout se tient dans votre système; les maîtrises fleurissent, les séminaires regorgent de jeunes gens, les ornemens d'église abondent à l'exposition du Louvre, l'art dramatique, autrefois protégé, est poursuivi aujourd'hui, et l'on met hors la loi les comédiens du théâtre Feydeau.

— On fait à l'Opéra de grandes économies comme à Feydeau. M. Guilbert a supprimé le canon, le tonnerre, le tambour, les éclairs, la grêle, la neige; l'administration du grand Opéra a supprimé une bougie jaune à chaque pupitre de l'orchestre. Le chef d'orchestre avait deux bougies blanches, on les remplace par deux bougies jaunes; c'est *cinq* sous d'économisés par livre. Combien y a-t-il à l'Opéra de sinécuristes richement dotés, sans compter les inspecteurs de la morale?

— M. Guilbert, natif de Pixerécourt, fait venir, dit-on, de Saint-Acheul un frère-correcteur. L'architecte de la nouvelle salle Feydeau doit préparer un cachot pour les insubordonnés. Lemonnier ira peut-être le premier; à quoi lui aura servi d'avoir séparé sa cause de celle de ses camarades? L'arbitraire qui vous protége aujourd'hui vous écrasera demain.

— On dit qu'après l'exposition des tableaux au Louvre, M. Sosthènes de La Rochefoucault ne sera plus chargé du département des beaux-arts. On nomme déjà son remplaçant.

— La monarchie est en danger, la girafe est malade. Si son convoi est aussi magnifique que son entrée à Paris, ce sera une belle cérémonie. On a gravé une médaille en l'honneur de cette bête curieuse; son portrait est parfait. Une devise l'entoure; je ne veux pas vous la dire. Je ne sais pas si M. de Puymaurin prêtera son balancier pour la reproduction de ce monument.

— Il court une anecdote qu'il faut que je vous raconte. M. d'Aumont avait fait provision de ruban bleu, mais l'azur de cette riche moire était trop foncé et tranchait faiblement avec la couleur du costume de lieutenant-général que porte Monseigneur aux grandes cérémonies. M. le duc chargea Victor, son valet de chambre, de le défaire de la pièce de ruban qu'il ne pouvait porter. Victor pensa que le magasinier de l'Opéra-Comique pourrait très-bien s'en accommoder pour parer Saint-Phar, M. de la Bourdonnaie, le comte d'Albert, ou quelque autre gentilhomme du lieu; il en parla à M. Guilbert, qui accepta pour rendre service à Victor. Le ruban resta chez le directeur de Feydeau. Oublieux quelquefois des petits détails, tant il a de grandes affaires, M. Guilbert ne songea pas à envoyer au magasin la fourniture du valet de M. le duc, et quelque temps après les sonnettes de la maison des champs furent garnies par hasard des cordons du Saint-Esprit. Marat l'avait dit. Au temps où l'on détruisait tout, quelqu'un demanda à ce représentant : « Que ferons-nous des cordons bleus? — Nous en ferons des cordons de sonnettes. »

— Les moutons transhumans en Espagne paissent sur toutes les terres non closes, *à l'exception des terres de l'église, seules exemptes de ce droit fatal.* C'est un fait que tout le monde sait, et vous aussi, Monseigneur; madame la comtesse du C. vous l'a appris depuis qu'elle s'occupe de mérinos. La censure n'a pas permis à *la Revue Encyclopédique* de l'imprimer dans un article sur le très-bon *Résumé Géographique* de M. Bory de Saint-Vincent. Prés de moines, inviolables pour les critiques et les moutons; les critiques ne doivent pas plus les miner de la longueur de leur plume, que les brebis en tondre la largeur de leur langue. C'est trop juste.

— MM. de Bonald, Frénilly, Pain, Berchoux, tous les hommes monarchiques enfin qui ont écrit contre l'empire depuis la restauration, ont dit que Bonaparte avait détruit la liberté en France ; le rédacteur de *la Revue Encyclopédique* a voulu le dire, ces messieurs le lui ont défendu; ils ont rayé la phrase, et un d'eux a mis en marge cette observation : « Bonaparte n'a détruit aucune liberté ; il ne s'est attaqué qu'à l'anarchie. » Cette bienveillance des royalistes de la rue de Grenelle pour Napoléon est singulière : est-ce que M. de Villèle aurait si peu de modestie qu'il verrait dans une attaque faite à Bonaparte une allusion injurieuse à sa politique ?

— « Le jour de l'ouverture des barraques du Louvre, la foule s'arrêtait devant la voiture du sacre : cette lourde machine n'excite plus maintenant la curiosité publique ; c'est un morceau jugé qui eût intéressé s'il eût été de bon goût, mais auquel on n'accorde aucune attention, parce qu'étant une véritable superfétation en industrie, il ne flatte pas agréablement la vue. On ne sait pas trop pourquoi cette voiture a été exposée : ce n'est pas là un produit de la carrosserie française ; c'est une exception qui ne prouve pas un progrès dans l'espèce. Montrer *la coche* du sacre (comme disait Henri IV) était peut-être chose convenable, mais c'était aux Menus-Plaisirs et non au Louvre qu'il fallait la faire voir. Au Louvre, il était utile de nous offrir une diligence assurée par sa construction contre les renversemens, et disposée pour la plus grande commodité des voyageurs. Une calèche, un cabriolet et le modeste fiacre de la petite propriété, voilà ce que l'exposition devait recevoir aussi ; tout le monde se serait occupé de ces objets utiles et les aurait examinés avec soin, comme on examine les toiles, les fers fondus et les faïences. » Critiquer le carrosse royal, c'est mettre la monarchie en péril ; il faut donc que le sapin doré soit trouvé beau par les journalistes. La censure est là pour leur dicter des jugemens en matière de beaux-arts et d'industrie comme en matière de politique ; elle ne veut pas qu'on préfère une voiture publique bien faite à une mauvaise voiture de grande cérémonie. C'est la révolution, voyez-vous, que cette opinion-là. Il faut tout admirer de ce qui sert à la cour, les culottes des Suisses, le carosse du sacre et jusqu'aux vieilles pantoufles du gentilhomme ordinaire. Et puis la voiture de Reims est respectable sous un rapport particulier : elle servit autrefois au couronnement de Napoléon, on l'a rhabillée seulement pour la faire servir à celui de Charles X ; n'en parlons pas irrévérencieusement, de peur de blesser dans leurs souvenirs tous les gens du château qui n'ont fait depuis quinze ans que retourner leurs habits.

TABLE DES MATIÈRES.

M. Gaudiche.	Page 5	La Fontaine biffé.	Page 17
Sully.	6	M. d'Appony.	20
M. de Bonald et la monarchie.	9	Le *Code Gourmand*.	Ib.
MM. Désaugiers, Villemain et Romieu	10	Les barraques du Louvre.	22
		Le fermier des jeux.	23
MM. Taylor et Albertin.	11	Théâtre de la Porte-Saint-Martin.	24
La girafe et les jésuites.	11 et 18	Les subventions.	Ib.
Sir Maitland et M. de Las Cases.	12	Affaire de l'Opéra-Comique.	25
Le général Bertrand.	13	Brutus-Couvret.	33
M. Deliége et Louis XIV.	14	Les cloches.	34
Belzoni.	Ib.	Les cordons bleus.	36
La clef de chambellan.	16	La voiture du sacre.	38

www.ingramcontent.com/pod-product-compliance
Lightning Source LLC
Chambersburg PA
CBHW061018050426
42453CB00009B/1515